Ho'ponopono

Guía práctica

Palabras gatillo

Rituales

Introducción

El Ho'ponopono es una técnica ancestral de sanación espiritual propia de la tradición hawaiana; que promueve la paz interior mediante la observación del perdón y la reconciliación.

El término Ho'oponopono significa corregir un error y da nombre a una filosofía de vida que procede de Hawái, y que se basa en un proceso de arrepentimiento, perdón y transmutación que permite realizar una limpieza mental de los pensamientos y sentimientos negativos para eliminar los bloqueos y recuperar la paz interior.

Esta técnica milenaria hawaiana sostiene que el sujeto que la práctica se encuentra en conexión con el universo y tiene responsabilidad sobre lo que le sucede, no busca culpar a los demás ni a las circunstancias, y considera que las soluciones a cualquier mal, propio o ajeno, ya sea físico o psicológico, están precisamente en el interior de cada persona, que es el lugar para superar los errores o malos sentimientos.

Se trata de tomar conciencia de que somos responsables de las emociones que experimentamos frente a los problemas y las situaciones que vivimos, y pedir perdón cuando algo no vaya bien. A través de la confesión y la disculpa a uno mismo, se limpian las memorias insanas y los desequilibrios, y se obtiene una sensación de liberación de las preocupaciones.

Beneficios del ho'oponopono para la salud

Una persona, mediante el perdón y la reconciliación en su interior, puede sanarse a sí misma y a otros con amor y gratitud.

Los demás solo cometen errores diferentes a los nuestros todo es comprender que estamos aquí para aprender, y que la otra persona lo que hace es cometer errores diferente a los nuestros. No debemos sufrir por los errores que cometen los demás, todo está en nuestra mente, nosotros decidimos en qué estado emocional queremos estar, quizás esa persona que llega a nuestra vida es para sanar, comprendiendo que lo que vemos en esa persona está dentro de nosotros y debemos cambiar.

Suelto y confío

A través de la práctica del ho'oponopono con la cual podemos borrar y limpiar aquellas memorias que nos están causado daño en nuestra vida y nos permite dejar de sentirnos culpables y asumir toda la responsabilidad, para comenzar a cambiar. Para practicar correctamente ho'oponopono, es indispensable tener una quietud mental, esa quietud mental la logramos repitiendo frases como "suelto y confió", ante alguna situación difícil que se nos presente debemos soltar y confiar, interiormente debemos repetir esta frase. De esta manera nuestra mente no genera un caos en nuestro interior llevándonos al pasado o al futuro, ante un momento de angustia o de temor, Pero también debemos hacernos conscientes de que lo que está sucediendo afuera es un reflejo de lo que interiormente llevamos, por tal motivo, lo que nos sucede es creado por nosotros mismos a través del pensamiento, por eso debemos hacernos responsables cien por ciento de nosotros, de nuestras acciones y de nuestros pensamientos, es así como practicamos ho'oponopono.

El Ho'oponopono funciona, y nos enseña a ser felices, a tomar las mejores decisiones, estar conscientes de las vicisitudes que la vida nos pone en el camino para que seamos mejores personas soltando y borrando, no estamos, solos siempre debemos soltar y confiar, abriendo nuestra mente y nuestro corazón para crear cada día nuestra realidad.

Siempre se nos hace difícil la transformación, pero lo importante es empezar y tener fuerza de voluntad, por eso una de las prácticas más recomendadas es preguntarnos a nosotros mismos como borrar, y la primera frase que venga a nuestra mente por tonta que nos parezca esa es la frase que repetiremos mentalmente a cada momento y ante alguna situación para no engancharnos y así soltar y borrar.

A continuación y como ayuda a la práctica del Ho'ponopono consciente tenemos palabras gatillo y diferente rituales que nos guían por este camino de sanación.

Suelto y confío……………………………………………

Índice

7

. Goma de borrar

. Trébol

. Ojos de amor

. Hoja verde de Arce

. Rodillo de amasar

. Varilla de plata

. Victoria, victoria, victoria

. Agua de sol

. Vaso de agua

. Chocolate caliente

. Sidra de Manzana

. Miel

. Lápiz

. Fresas y arándanos

. Espejo

. Helecho

. Hibisco amarillo

. Palmera

. Conectar con el niño interior

. Respiración Ha

. Reír

PALABRAS GATILLO

Almohada de plumas:

Estas palabras pronunciadas antes de dormir nos limpian las memorias mientras dormimos.

Repetimos:

Almohada de plumas

Almohada de plumas

Almohada de plumas

Almohada de plumas

Lo siento, perdóname, gracias, te amo.

Llave de la luz:

Esta palabra borra memorias o pone luz sobre alguna situación que estemos pasando, un conflicto y apaga nuestros programas negativos. Es como abrir un espacio de luz donde no existe el conflicto.

Repetimos:

Llave de la luz

Llave de la luz

Llave de la luz

Llave de la luz

Lo siento, perdóname, gracias, te amo.

Gotas de rocío:

Esta palabra funciona para momentos en que nos sintamos tristes, asustado, enfadado, amenazado. Limpia memorias que existen en nosotros y que compartimos con las personas en nuestro alrededor. Transforma las memorias erróneas que se repiten una y otra vez en nuestras vidas.

Repetimos:

Gotas de rocío

Gotas de rocío

Gotas de rocío

Gotas de rocío

Lo siento, perdóname, gracias, te amo.

13

Hielo azul:

Esta palabra la utilizamos para aliviar el dolor físico o emocional, es como aplicar anestesia a la situación.

Repetimos:

Hielo azul

Hielo azul

Hielo azul

Hielo azul

Lo siento, perdóname, gracias, te amo.

Papel para moscas:

Esta palabra funciona para evitar peleas y discusiones. En situaciones de pareja, de rabia, enfado o de juicio a otras personas. En general funciona para relaciones de todo tipo.

Repetimos:

Papel para moscas

Papel para moscas

Papel para moscas

Papel para moscas

Gracias, gracias, gracias, gracias

Verde esmeralda:

Esta palabra la usamos para sanación física, funciona tanto durante el período de sanación de una enfermedad larga o un malestar temporal como por ejemplo: migrañas, dolores musculares, malestares estomacales, etc.

Repetimos:

Verde esmeralda

Verde esmeralda

Verde esmeralda

Verde esmeralda

Gracias, gracias, gracias, gracias.

Blanco:

El blanco nos ayuda a llegar a un estado puro de amor y para finalizar procesos.

Repetimos:

Blanco

Blanco

Blanco

Blanco

Gracias, gracias, gracias, gracias.

Llovizna:

Esta palabra gatillo la utilizamos para abrir los canales de la abundancia, la prosperidad, el trabajo, la necesidad económicos en todos los contextos de nuestra vida. Limpia problemas de dinero y nos lleva al canal de abundancia natural. Se utiliza también casos de carencia económica o que tengamos que afrontar un pago y en ese momento no tenemos los medios.

Repetimos:

Llovizna

Llovizna

Llovizna

Llovizna

Lo siento, perdóname, gracias, te amo.

La paz del yo:

Con estas palabras limpiamos todo, es el borrador por excelencia del Ho'ponopono. Borra las memorias que impiden nuestra paz interior. Para alcanza la paz en nuestro interior, en nuestras vidas y en las vidas de las personas que nos rodean. Alcanzar nuestro ritmo, nuestro lugar.

Repetimos:

La paz del yo

La paz del yo

La paz del yo

La paz del yo

Gracias, gracias, gracias, gracias.

Fuente perfecta:

Funciona para borrar falsas creencias sobre nosotros o nuestra realidad. También confirma nuestra confianza en el Hoponopono. Es una fuente de diga, inspiración e intuición. Es el origen del conocimiento profundo que nos permite dejar atrás y reconecta a las parejas en el amor.

Repetimos:

Fuente perfecta

Fuente perfecta

Fuente perfecta

Fuente perfecta

Lo siento, perdóname, gracias, te amo.

Delete:

SI nos visualizamos apretando la tecla DELETE en el teclado de un ordenador, podemos ver apagando nuestra programación. Se utiliza para borrar pensamientos y memorias que nos hacen sentir mal.

Repetimos:

Delete

Delete

Delete

Delete

Gracias, gracias, gracias, gracias.

21

Arcoíris:

Los colores y pureza del arcoíris borran todas las memorias de discriminación.

Repetimos:

Arcoíris

Arcoíris

Arcoíris

Arcoíris

Gracias, gracias, gracias, gracias.

Colibrí:

Esta palabra nos limpia y llena de abundancia en todos los aspectos de la vida. Podemos utilizarla en un momento de ansiedad por el dinero, cancela la energía negativa y cambia la vibración a la resolución de atraer a partir de ahora lo que es mejor para nosotros.

Y si de casualidad vemos un colibrí, mucho mejor es un momento mágico.

Repetimos:

Colibrí

Colibrí

Colibrí

Colibrí

Lo siento, perdóname, gracias, te amo.

Flores de primavera:

Se utiliza para borrar memorias de carencia y conectar con la abundancia.

Repetimos:

Flores de primavera

Flores de primavera

Flores de primavera

Flores de primavera

Gracias, gracias, gracias, gracias.

Hojas de otoño:

Es una buena frase para dejar ir memorias de apego a cosas, personas o situaciones o que ya no tienen lugar en nosotros o en nuestra realidad. Cosas que es necesario soltar.

Repetimos:

Hojas de otoño

Hojas de otoño

Hojas de otoño

Hojas de otoño

Gracias, gracias, gracias, gracias.

Píldora del silencio:

Esta frase limpia las memorias de rivalidad, odio y hostilidad entre personas de sexos opuestos. También para mujeres y hombres sin pareja, que tienen el corazón lastimado por decepciones amorosas, que general soledad ellos mismos sin darse cuenta. Limpia las memorias de pasados dolorosos.

Repetimos:

Yo tomo la píldora del silencio

Yo tomo la píldora del silencio

Yo tomo la píldora del silencio

Yo tomo la píldora del silencio

Lo siento, perdóname, gracias, te amo.

Tiro del tapón:

Nos ayuda a soltar los apegos que nos hacen sufrir, aquello a lo que nos aferramos. Como es el caso de pareja que terminan su relación o hijos que se van.

Repetimos:

Tiro de tapón

Tiro del tapón

Tiro del tapón

Tiro del tapón

Gracias, gracias, gracias, gracias.

Flor de loto azul:

Esta palabra ayuda a limpiar memorias en general, el loto azul tiene tradición de iluminar.

Repetimos:

Flor de loto

Flor de loto

Flor de loto

Flor de loto

Lo siento, perdóname, gracias, te amo.

Flor de Lis:

Limpia memorias de guerras y derramamientos de sangre, ideas de esclavitud, lugares, situaciones y creencias que a su vez crean guerras y caos a nuestro alrededor.

Repetimos:

Yo pongo la flor de Lis en esta…. Situación

Yo pongo la flor de Lis en esta…. Situación

Yo pongo la flor de Lis en esta…. Situación

Yo pongo la flor de Lis en esta…. Situación

Lo siento, perdóname, gracias, te amo.

29

Goma de borrar:

Visualizamos una goma de borrar, se recomienda decirla antes de ver la televisión, responder el teléfono, leer mensajes, ver noticias o abrir cartas.

Repetimos:

Goma de borrar

Goma de borrar

Goma de borrar

Goma de borrar

Gracias, gracias, gracias, gracias.

Trébol:

Se usa para las situaciones complicadas que requieren luz.

Repetimos:

Trébol

Trébol

Trébol

Trébol

Gracias, gracias, gracias, gracias.

Ojos de amor:

Esta palabra gatillo la usamos para ver a todos y a todo lo que tenemos a nuestro alrededor como la divinidad lo ve. Evitamos juicios, viejas creencias, etiquetas.

Repetimos:

Ojos de amor

Ojos de amor

Ojos de amor

Ojos de amor

Gracias, gracias, gracias, gracias.

Hoja verde de Arce:

Los utilizamos para borrar memorias de dolor profundo, en situaciones donde hay poca esperanza. Para depresiones profundas, sentimientos de desamor. Sentimiento de no ser valorado. Borramos dolores profundos del alma, de recuerdos dolorosos.

Repetimos:

Hoja de arce

Hoja de arce

Hoja de arce

Hoja de arce

Lo siento, perdóname, gracias, te amo.

Rodillo de amasar:

Lo usamos para sanar conflictos familiares, pensamos.

Repetimos:

Estoy aplicando el rodillo de amasar a esta....situación.

Estoy aplicando el rodillo de amasar a esta....situación.

Estoy aplicando el rodillo de amasar a esta....situación.

Estoy aplicando el rodillo de amasar a esta....situación.

Gracias, gracias, gracias, gracias.

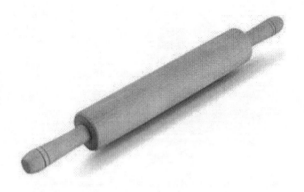

Varilla de plata:

Limpiamos las memorias de odio ancestral de mujeres hacia hombres. También sirve para las mujeres que pasan el climaterio, les ayuda a aliviar sus síntomas.

Repetimos:

Varilla de plata

Varilla de plata

Varilla de plata

Varilla de plata

Lo siento, perdóname, gracias, te amo.

Victoria, victoria, Victoria:

Borra los recuerdos de resentimiento, susceptibilidad, sentimientos de culpa. También se usa para celebrar logros, si has tenido un día lleno de éxitos.

Repetimos:

Victoria

Victoria

Victoria

Gracias, gracias, gracias, gracias.

RITUALES

Agua solar:

Esta es una forma de borrar las memorias y recuerdos negativos de nuestro subconsciente. Podemos beberla o utilizarla para limpiar nuestra casa, nuestro trabajo, preparar nuestros alimentos y regar nuestras plantas. Podemos ponérsela a nuestra mascota y podemos rociarla por donde queramos Estará cargada de toda la energía del sol.

Preparación: Ponemos agua corriente del grifo en una botella Azul, la botella tiene que ser de cristal, la tapamos con algo que no sea metálico. Luego la ubicamos en un lugar donde le den directamente los rayos de sol durante mínimo una hora o si queremos durante todo el día. Luego la retiramos y ya estará lista para su uso; la podemos utilizar a temperatura ambiente o refrescarlo en la nevera para beberla.

Vaso de agua:

Con esto limpiamos las memorias que tenemos sobre una situación o sobre una persona, recordando siempre sin expectativas de un resultado en concreto.

Preparación: Ponemos agua del grifo en un vaso, da igual de qué color. Solamente llenamos 3 partes del vaso. Le cambiamos el agua dos veces al día por el desagüe. Podemos ponerle un papel escrito con aquello que nos preocupa o sobre lo que queremos encontrar solución.

Chocolate caliente:

Bebiendo chocolate caliente la divinidad nos ayuda a tomar las decisiones perfectas y correctas en relación al dinero, para que este no sea un impedimento para tomar la decisión correcta. Suaviza las situaciones para poner la acción correcta como prioritaria y poner la divinidad por delante.

También podemos repetir la palabra:

Chocolate caliente

Chocolate caliente

Chocolate caliente

Chocolate caliente

41

Sidra de manzana:

Sirve como un escudo protector de espectro completo, para proteger persona, lugares, animales, limpia memorias y pensamientos de la tierra.

Para disipar ruido, lo metemos en un frasco pequeño de vidrio con agua solar y lo llevamos con nosotros en el bolso, en la cama lo ponemos cerca de la almohada.

También podemos hacer cubitos de hielo con ella, ponemos un cubito de hielo de sidra de manzana en la boca y esperamos que se derrita.

Miel:

Es una herramienta de limpieza comestible, cancela memorias porque dulcifica la vida. La usamos para endulzar el café de la mañana, yogurt, etc.

Lápiz:

Este ritual lo hacemos golpeando con la parte de la goma del lápiz con pequeños golpecitos en el objeto que sintamos la carga negativa, facturas, multas, deudas, notas escolares, etc. Esto borra los programas de carencias. Mientras damos los golpes repetimos:

Lápiz, lápiz, lápiz, lápiz.

Fresas y arándanos:

Estos alimentos al ser ingeridos cargados con la intención de borrar memorias, se transformar en un borrador. Mientras lo hacemos repetimos:

Fresas y arándanos

Fresas y arándanos

Fresas y arándanos

Fresas y arándanos

Espejo:

Mirarnos a un espejo vernos a nosotros mismos como somos en realidad. Con un amor profundo que viene de la divinidad hacia nosotros. El espejo nos ve como realmente somos.

Helecho:

El helecho se relaciona con la cura de enfermedades virales, dolores de cabeza, demencia, cáncer. Podemos visualizar un helecho, tener uno en nuestro jardín o nuestra casa o simplemente verlo en una fotografía.

Hibisco amarillo:

Promueve la abundancia; es idónea para las personas que tienen preocupación por su riqueza y su capacidad para mantenerse a si mismo y a su familia. Podemos cultivarlo, visualizarlo o pensar en él.

Palmera:

Cancela memorias de escasez, promueve la abundancia y prosperidad. Tener una, es una gran inversión.

Conectar con el niño interior:

Para lograr esto tenemos varias herramientas, una de ellas es buscar una foto nuestra de cuando éramos pequeños, la guardamos en la cartera o la ponemos de fondo de pantalla del móvil. En cualquier momento que la veamos le dedicamos una sonrisa y le decimos un halago. Tocamos la foto y le decimos: lo siento, perdóname, gracias, te amo.

Nuestros hijos pueden ser nuestros mejores maestros, de vez en cuando déjate llevar a su mundo, de sus locuras, travesuras y su manera de ver el mundo sin juicios, sin reproches.

Cada vez que conectamos con nuestro niño interior, estamos soltando y limpiando.

Respiración HA:

La respiración Ha ayuda HA ayuda a renovar la energía vital, limpia memorias negativas y el aura. Es un ejercicio de respiración consciente que ayuda a reducir el estrés y el cansancio, además de situarnos en el ahora. Cura la depresión, cierra portales psíquicos, libera espíritus atrapados en planos terrenales

Con la espalda recta y los pies en el suelo se inspira en 7 segundos, retenemos 7 segundo y soltamos en 7 segundos diciendo un ¨HA¨

Reír:

No importa lo complicada que sea una situación una sonrisa puede limpiarla. Reír es el mejor remedio sanador y limpiador de todas las memorias y situaciones que tengas en tu vida. También ayuda a las personas que tenemos a nuestro alrededor. Podemos alegrarle el día a otra persona solamente con mírale a los ojos y sonreír.

Así que ya sabes SONRIE...................

51

Made in the USA
Middletown, DE
19 October 2023

41060311R00031